SAUCEN

Die besten Klassiker einfach selber kochen

Autorin: Anne-Katrin Weber | Fotos: Wolfgang Schardt

QUALITÄTS G|U GARANTIE

DIE GU-QUALITÄTS-GARANTIE

Wir möchten Ihnen mit den Informationen und Anregungen in diesem Buch das Leben erleichtern und Sie inspirieren, Neues auszuprobieren. Bei jedem unserer Bücher achten wir auf Aktualität und stellen höchste Ansprüche an Inhalt, Optik und Ausstattung. Alle Rezepte und Informationen werden von unseren Autoren gewissenhaft erstellt und von unseren Redakteuren sorgfältig ausgewählt und mehrfach geprüft. Deshalb bieten wir Ihnen eine 100%ige Qualitätsgarantie.

Darauf können Sie sich verlassen:
Wir legen Wert darauf, dass unsere Kochbücher zuverlässig und inspirierend zugleich sind.
Wir garantieren:
- dreifach getestete Rezepte
- sicheres Gelingen durch Schritt-für-Schritt-Anleitungen und viele nützliche Tipps
- eine authentische Rezept-Fotografie

Wir möchten für Sie immer besser werden:
Sollten wir mit diesem Buch Ihre Erwartungen nicht erfüllen, lassen Sie es uns bitte wissen! Wir tauschen Ihr Buch jederzeit gegen ein gleichwertiges zum gleichen oder ähnlichen Thema um. Nehmen Sie einfach Kontakt zu unserem Leserservice auf. Die Kontaktdaten unseres Leserservice finden Sie am Ende dieses Buches.

GRÄFE UND UNZER VERLAG
Der erste Ratgeberverlag – seit 1722.

KV

INHALT

TIPPS UND EXTRAS

8 KALTE SAUCEN

24 WARME SAUCEN

36 PASTASAUCEN

Das grüne Blatt bei den Rezepten heißt fleischloser Genuss:
Mit diesem Symbol sind alle vegetarischen Saucen gekennzeichnet.

50 SÜSSE SAUCEN

HELFER IN DER SAUCENKÜCHE

Mit diesen Utensilien wird die Saucenzubereitung ein Kinderspiel – die meisten haben Sie vermutlich ohnehin im Schrank. Bei mir sind folgende Küchen-Basics im Einsatz.

TÖPFE
Die gibt's in jeder Küche, idealerweise in mehreren Größen: Ein großer (Nudel-)Topf mit ca. 7 l Inhalt ist perfekt, um darin eine größere Menge Brühe anzusetzen. In einem mittelgroßen Topf köcheln Nudelsaucen oder -ragouts vor sich hin. Für kleine Saucenmengen ist eine Sauteuse ideal, das ist ein kleiner Topf mit hohem Rand, der nach oben weiter wird. Hier gelangt sowohl ein Schneebesen als auch ein Kochlöffel in jeden Winkel. Ersatzweise können Sie eine kleine Stielkasserolle benutzen.

SIEBE
Hier sollten ebenfalls mehrere Modelle vorhanden sein: Ein großes Sieb, in dem auch Nudeln abgegossen werden, ist bei der Zubereitung von Brühen sehr nützlich: Dieses eher grobmaschige Sieb mit einem Passiertuch auslegen, in einen Topf hängen und die selbst gekochte Brühe mitsamt den festen Bestandteilen (Fleisch, Gemüse, Kräuter usw.) hineingießen und gut abtropfen lassen. Ein feinmaschiges Haarsieb (das kann rund oder spitz sein) dient zum Passieren von Saucen. Dabei werden die Saucenreste, die sich im Sieb ansammeln, mithilfe einer Saucenkelle oder eines Löffels durch das Sieb gedrückt (passiert). So geht ihr Aroma nicht verloren, sondern landet in der Brühe.

PASSIERTUCH
Es heißt auch Durchseihtuch und ist ein ziemlich dünnes, aber reißfestes Tuch mit mittelgroßen

Maschen. Es wird beim Abseihen von Brühen in ein großes Sieb gelegt, sodass feine Bestandteile und Trübstoffe zurückbleiben. Ersatzweise können Sie ein sauberes Küchenhandtuch oder eine frische Baumwollwindel benutzen.

PÜRIERSTAB

Ein Multitalent, das auch unter dem Namen Stabmixer oder Zauberstab gute Dienste tut: mit ihm können Saucen fein püriert werden, sodass sie vollkommen glatt und cremig werden. Er zaubert aus einer cremigen Sauce ein luftiges Schäumchen, verwandelt Obst in feine Fruchtsaucen – und nicht zuletzt hilft er, verklumpte Saucen zu retten. Weder Nüsse noch Käse sind ihm zu hart, sodass Sie mit ihm auch ein Pesto zubereiten können. Achten Sie bei einer Neuanschaffung auf einen leistungsstarken Pürierstab, am besten einen aus Edelstahl, dem Hitze nichts ausmacht und mit dem Sie Saucen (und auch Suppen) direkt im Topf pürieren oder aufschäumen können.

SCHNEEBESEN

Zwei unterschiedliche Modelle sind in der Saucenküche unverzichtbar: zum einen der gängige Rühr- oder Schneebesen. Mit ihm können flüssige oder halbfeste Speisen aufgeschlagen oder untergehoben werden und Bindemittel klümpchenfrei eingerührt werden. Weniger verbreitet, aber superpraktisch, ist der flache Spiralbesen. Mit ihm erreicht man alle Bereiche eines Topfes, sodass ein Anbrennen der Sauce verhindert wird.

SCHAUMLÖFFEL

Der große Löffel mit Löchern kommt beim Brühekochen zum Einsatz: Schaum, der beim Kochen entsteht, wird mehrmals mit dem Schaumlöffel abgeschöpft, so bleibt die Brühe schön klar.

FEINE GEMÜSEBRÜHE

2 Zwiebeln | 2 Knoblauchzehen | 4 Möhren | 2 Petersilienwurzeln | 250 g Knollensellerie | 1 kleiner Fenchel | 1 Stange Lauch | 2 EL Öl | Salz | 2 Tomaten | 3 Zweige Thymian | 3 Stängel Petersilie | 2 Lorbeerblätter | 10 schwarze Pfefferkörner | 5 Pimentkörner | Pfeffer

Für ca. 2 l Gemüsebrühe | 30 Min. Zubereitung | 1 Std. 30 Min. Kochen

1 Zwiebeln und Knoblauch schälen, Zwiebeln halbieren. Die Wurzelgemüse putzen, schälen und grob würfeln. Den Fenchel putzen, waschen und längs vierteln.

2 Lauch putzen, längs aufschneiden, waschen und grob zerkleinern. Das Öl in einem großen Topf erhitzen und alles darin ca. 5 Min. unter Rühren rösten.

3 Wenn die Gemüsestücke stellenweise leicht gebräunt sind, 2,5 l Wasser in den Topf gießen und ½ TL Salz dazugeben. Das Wasser zum Kochen bringen.

4 Tomaten waschen, vierteln, die Stielansätze entfernen. Kräuter, Tomaten und Gewürze dazugeben. Das Wasser aufkochen und den Deckel halb auflegen.

5 Die Brühe bei kleiner Hitze 1 Std. 30 Min. köcheln lassen. Durch ein mit einem Passiertuch ausgelegtes Sieb in einen Topf gießen. Abtropfen lassen.

6 Die Brühe mit Salz und Pfeffer abschmecken. Je nach Rezept für eine Sauce verwenden oder auf kleine Portionsgläser verteilen und abkühlen lassen.

NOCH MEHR FEINE BRÜHE

Auch mit selbst gekochter Rinder- und Hühnerbrühe lassen sich feine Saucen zubereiten. Damit sich der Aufwand lohnt, frieren Sie einfach die fertige Brühe portionsweise für den Vorrat ein.

RINDERBRÜHE

Für ca. 2 l Rinderbrühe 800 g Suppenfleisch (z. B. Ochsenbeinscheibe) kalt abspülen. 1 Zwiebel ungeschält halbieren, mit den Schnittflächen nach unten in einen großen Topf legen und anrösten, bis die Schnittflächen stark gebräunt sind. 2,5 l kaltes Wasser dazugießen, das Fleisch und ½ TL Salz dazugeben. Aufkochen und dann mit halb aufgelegtem Deckel bei kleiner Hitze 1 Std. ganz sanft köcheln lassen. Inzwischen 1 Bund Suppengrün putzen, waschen und grob zerkleinern. 2 Knoblauchzehen schälen. Suppengrün, Knoblauch, 3 Zweige Thymian und 3 Stängel Petersilie, 2 Lorbeerblätter, 10 schwarze Pfefferkörner, 5 Pimentkörner und 5 Wacholderbeeren dazugeben. Noch 1 Std. sanft köcheln lassen. Den entstehenden Schaum immer wieder mit einem Schaumlöffel abschöpfen. Das Fleisch herausnehmen, vom Knochen lösen und anderweitig verwenden. Die Brühe durch ein feines Sieb (oder durch ein grobmaschiges Sieb, das mit einem Passiertuch ausgelegt ist) in einen Topf gießen und gut abtropfen lassen. Mit Salz, frisch gemahlenem Pfeffer und frisch geriebener Muskatnuss abschmecken.

HÜHNERBRÜHE

Für ca. 2 l Hühnerbrühe 1,5 kg Hühnerklein oder 1 Suppenhuhn (ca. 1,5 kg) kalt abbrausen. In einen großen Topf geben, 2,5 l kaltes Wasser dazugießen und ½ TL Salz hinzufügen. Aufkochen lassen, dann mit halb aufgelegtem Deckel bei kleiner Hitze 1 Std. ganz sanft köcheln lassen. Inzwischen 1 Bund Suppengrün putzen, waschen und grob zerkleinern. 2 Knoblauchzehen schälen. Suppengrün, Knoblauch, 3 Zweige Thymian und 3 Stängel Petersilie, 2 Lorbeerblätter und 10 schwarze Pfefferkörner dazugeben. Alle Zutaten 1 Std. sanft kochen lassen. Den dabei entstehenden Schaum immer wieder mit einem Schaumlöffel abschöpfen, damit die Brühe klar bleibt. Das Fleisch herausnehmen und anderweitig verwenden. Die Brühe durch ein feines Sieb (oder durch ein grobmaschiges Sieb, das mit einem Passiertuch ausgelegt ist) in einen Topf gießen und gut abtropfen lassen. Mit Salz und frisch gemahlenem Pfeffer abschmecken.

KALTE SAUCEN

Salat mit Vinaigrette, Nudeln mit Pesto und Würstchen mit Ketchup – das sind heiß geliebte Kombinationen bei Groß und Klein. Für noch mehr Abwechslung habe ich fleißig geschnippelt, gerührt und gemixt. Herausgekommen sind köstliche Varianten bekannter Klassiker sowie würzige Tapenaden und aromatische Salsas.

KLASSISCHE VINAIGRETTE

Wenn's schnell gehen muss, zaubere ich diese Basis-Vinaigrette. Sie schmeckt zu allen Salaten und lässt sich gut variieren, etwa mit Frühlingszwiebeln oder Kräutern.

3 EL Weißweinessig
Salz
½ TL Zucker
Pfeffer
1 TL Dijonsenf
6 EL hochwertiges Olivenöl

Ohne sie läuft nichts

Für 4 Personen | 10 Min. Zubereitung
Pro Portion ca. 140 kcal, 0 g EW, 15 g F, 1 g KH

1 Den Weißweinessig, 2 Prisen Salz, den Zucker und reichlich frisch gemahlenen schwarzen Pfeffer in eine Salatschüssel geben. Alle Zutaten mit einem Spiral- oder Schneebesen so lange kräftig verrühren, bis sich Salz und Zucker aufgelöst haben. Den Senf hinzufügen und gut unterrühren.

2 Das Olivenöl nach und nach in einem dünnen Strahl dazugießen und mit dem Spiral- oder Schneebesen unterschlagen, bis sich alle Zutaten gut verbunden haben und eine stabile Emulsion entstanden ist.

VARIANTE TOMATEN-VINAIGRETTE

2 Tomaten waschen und die Stielansätze herausschneiden. Die Tomaten entweder über Kreuz einschneiden, mit heißem Wasser übergießen, kalt abschrecken und häuten. Oder die Haut mit einem (gezackten) Sparschäler abschälen. Die Tomaten vierteln und entkernen. 1 Knoblauchzehe schälen und grob hacken. 10 Basilikumblätter waschen, trocken tupfen und grob schneiden. Die Tomaten mit Knoblauch, Basilikum, 1 gehäuften TL flüssigem Honig oder Ahornsirup, 2 guten Prisen Salz, reichlich frisch gemahlenem schwarzem Pfeffer, 2 EL Weißwein- oder Sherryessig und 5 EL Olivenöl in einen hohen Rührbecher geben und mit dem Pürierstab zu einer glatten Vinaigrette pürieren.

ERBSEN-MINZ-PESTO

300 g TK-Erbsen | Salz | 1 kleine Zwiebel | 2 Knoblauchzehen | 80 ml Olivenöl | 4 Stängel Minze | 75 g gesalzene Pistazien (mit Schale) | ca. 125 ml Gemüsebrühe | 50 g würziger Manchego (am Stück) | Cayennepfeffer

Minzfrisch

Für 4 Personen | 20 Min. Zubereitung
Pro Portion ca. 390 kcal, 12 g EW, 35 g F, 7 g KH

1 Die Erbsen in kochendem Salzwasser 1 Min. kochen, in ein Sieb abgießen, kalt abschrecken und abtropfen lassen. Zwiebel und Knoblauch schälen und fein würfeln. 2 EL Olivenöl erhitzen und die Zwiebel darin glasig dünsten. Knoblauch dazugeben und kurz andünsten, dann vom Herd nehmen. Die Minze waschen, trocken schütteln und die Blätter abzupfen. Die Pistazien herauslösen.

2 Pistazien, Erbsen, Zwiebel, Minze und übriges Olivenöl mit dem Pürierstab nicht zu fein pürieren, dabei so viel Gemüsebrühe dazugießen, bis das Pesto sämig ist. Den Käse reiben und unterrühren, mit Salz und Cayennepfeffer abschmecken.

BÄRLAUCH-NUSS-PESTO

75 g Haselnusskerne | 3 Handvoll Bärlauch (ca. 100 g) | 100 ml Olivenöl | 50 ml geröstetes Haselnussöl | 60 g würziger Bergkäse (am Stück; ersatzweise Pecorino) | Salz | Pfeffer

Frühlingswürzig

Für 4 Personen | 20 Min. Zubereitung
Pro Portion ca. 510 kcal, 7 g EW, 52 g F, 3 g KH

1 Die Haselnüsse grob hacken und in einer Pfanne ohne Fett unter Rühren rösten. Herausnehmen und abkühlen lassen. Den Bärlauch waschen, trocken schleudern und grob schneiden.

2 Haselnüsse, Bärlauch und beide Öle mit dem Pürierstab oder im Blitzhacker nicht zu fein pürieren. Den Käse reiben und unterrühren. Das Pesto mit Salz und Pfeffer abschmecken.

TIPP

Bärlauch wächst von März bis Mai im Wald, im Park und im Garten. Durch seinen starken Knoblauchduft lässt er sich von den (giftigen!) Maiglöckchenblättern unterscheiden.

FENCHEL-ORANGEN-PESTO

40 g Pinienkerne | 250 g Fenchel | 2 Knoblauchzehen | 1 Stück Bio-Orangenschale (ca. 5 cm) | 4 Stängel Basilikum | 5 EL Orangensaft | 1 TL Fenchelsamen | 100 ml Olivenöl | 40 g Parmesan (am Stück) | Salz | Pfeffer

Mediterran

Für 4 Personen | 20 Min. Zubereitung
Pro Portion ca. 350 kcal, 6 g EW, 34 g F, 5 g KH

1 Die Pinienkerne in einer Pfanne ohne Fett goldbraun rösten, herausnehmen und abkühlen lassen. Den Fenchel putzen, waschen, der Länge nach halbieren und den Strunk herausschneiden. Die Hälften in kleine Stücke schneiden. Den Knoblauch schälen und grob hacken, Die Orangenschale klein schneiden. Das Basilikum waschen, trocken tupfen und die Blätter abzupfen.

2 Pinienkerne, Fenchel, Knoblauch, Orangenschale und -saft, Basilikum, Fenchelsamen und Olivenöl mit dem Pürierstab oder im Blitzhacker nicht zu fein pürieren. Den Käse reiben und unterrühren. Mit Salz und Pfeffer abschmecken.

KORIANDER-CASHEW-PESTO

50 g ungesalzene, ungeröstete Cashewkerne | 1 Stück Ingwer (ca. 20 g) | 2 Knoblauchzehen | 1 große Handvoll Koriandergrün (ca. 30 g) | 1 kleine rote Chilischote | 1 Bio-Limette | 40 g Parmesan (am Stück) | 120 ml Rapsöl | Salz

Asiawürzig

Für 4 Personen | 25 Min. Zubereitung
Pro Portion ca. 395 kcal, 6 g EW, 38 g F, 5 g KH

1 Die Cashewkerne grob hacken, in einer Pfanne ohne Fett hellbraun rösten und herausnehmen. Ingwer und Knoblauch schälen und grob hacken. Das Koriandergrün waschen, trocken schütteln und die Blättchen abzupfen. Die Chili halbieren, Kerne entfernen, die Hälften waschen und grob hacken. Die Limette heiß waschen und abtrocknen, die Schale fein abreiben und den Saft auspressen.

2 Cashewkerne, Ingwer, Knoblauch, Koriander, Chili, Limettensaft und -schale sowie das Öl mit dem Pürierstab oder im Blitzhacker nicht zu fein pürieren. Den Käse fein reiben und unterrühren. Das Pesto mit Salz abschmecken.

SCHNELLE MAYONNAISE

Mit dieser Blitzmethode geht ab jetzt nichts mehr schief! Kein umständliches Aufschlagen mehr, und die Sorge, ob die Mayonnaise gerinnt, ist auch passé.

1 sehr frisches zimmerwarmes Ei
1 TL Dijonsenf
2 TL Zitronensaft
Salz
Pfeffer
200 ml neutrales Öl (z. B. Sonnenblumenöl, Traubenkernöl, Rapsöl)

Quick & easy

Für 4 Personen | 10 Min. Zubereitung
Pro Portion ca. 470 kcal, 2 g EW, 52 g F, 0 g KH

1 Das Ei in einen hohen, schmalen Rührbecher geben (der Rührbecher sollte nur wenig breiter als der Pürierstab sein). Den Senf, den Zitronensaft, ½ TL Salz und etwas frisch gemahlenen schwarzen Pfeffer dazugeben. Das Öl daraufgießen.

2 Den Pürierstab bis zum Boden in den Rührbecher stellen und einschalten. Dann langsam hochziehen und alle Zutaten ca. 10 Sek. pürieren, bis eine steife Mayonnaise entstanden ist. Die Mayonnaise ist zugedeckt im Kühlschrank 1–2 Tage haltbar.

TIPP

Sie lieben Knoblauch so sehr wie ich? Dann bereiten Sie doch eine würzig-scharfe Aioli zu. Für diese raffinierte Knoblauchmayonnaise im obigen Rezept 100 ml neutrales Öl durch mildes Olivenöl ersetzen. 3 Knoblauchzehen schälen, von Anfang an mit pürieren und die Sauce kräftig mit Cayennepfeffer abschmecken. Oder mögen Sie gerne cremige Salatsaucen? Dann ist das Thousand-Islands-Salatdressing das Richtige für Sie! Dafür 100 g schnelle Mayonnaise mit 100 g Joghurt, 2 EL Ketchup und 2 EL Milch verrühren. 1 Schalotte schälen, mit 2 Cornichons sehr fein würfeln und unterrühren. Das Dressing mit 1 EL Gurkensud, 2 Spritzern Tabasco und 1 TL edelsüßem Paprikapulver kräftig würzen.

MANGO-SALSA

1 EL ungeschälter Sesam | 2 Frühlingszwiebeln | 1 große Mango (am besten eine reife Flugmango) | 5 Stängel Minze | 3 EL Zitronensaft | 3 EL Olivenöl | 1 TL milder Honig | ½ TL Chiliflocken | Salz

Fruchtig-frisch zu Gegrilltem

Für 4 Personen | 15 Min. Zubereitung | 15 Min. Ziehen
Pro Portion ca. 130 kcal, 1 g EW, 10 g F, 10 g KH

1 Den Sesam in einer Pfanne ohne Fett unter häufigem Rühren goldbraun rösten, herausnehmen und abkühlen lassen. Die Frühlingszwiebeln putzen, waschen und in feine Ringe schneiden. Die Mango schälen, das Fruchtfleisch vom Kern schneiden und fein würfeln. Die Minze waschen, trocken schütteln und fein schneiden.

2 Alle vorbereiteten Zutaten mit Zitronensaft, Olivenöl, Honig, Chiliflocken und etwas Salz mischen und zugedeckt 15 Min. durchziehen lassen.

AVOCADO-SALSA

1 TL Kreuzkümmelsamen | 1 TL Koriandersamen | 5 Stängel Koriandergrün | 1 kleine rote Zwiebel | 1 Knoblauchzehe | 150 g Kirschtomaten | 2 reife Avocados | 3 EL Limettensaft | 3 EL Olivenöl | ½ TL Chiliflocken | Salz

Der Hit zu Fisch und Garnelen

Für 4 Personen | 20 Min. Zubereitung | 15 Min. Ziehen
Pro Portion ca. 340 kcal, 3 g EW, 35 g F, 3 g KH

1 Die Kreuzkümmel- und Koriandersamen in einer Pfanne ohne Fett kurz rösten, bis sie duften. Herausnehmen, abkühlen lassen und im Mörser grob zerstoßen. Das Koriandergrün waschen und trocken schütteln, die Blättchen abzupfen und kleiner zupfen. Zwiebel und Knoblauch schälen und fein würfeln. Die Tomaten waschen und vierteln.

2 Die Avocados halbieren, den Stein entfernen, das Fruchtfleisch mit einem Löffel aus der Schale lösen und würfeln. Alle vorbereiteten Zutaten mit Limettensaft, Olivenöl, Chiliflocken und Salz mischen und zugedeckt 15 Min. durchziehen lassen.

GRÜNE OLIVENTAPENADE

200 g aromatische grüne Oliven (entsteint) | 2 EL Kapern | 2 Knoblauchzehen | 4 Stängel Petersilie | 8 EL Olivenöl + evtl. Olivenöl zum Bedecken | Pfeffer

Mediterraner Genuss

Für 4 Personen | 15 Min. Zubereitung
Pro Portion ca. 225 kcal, 1 g EW, 24 g F, 0 g KH

1 Die Oliven und die Kapern abtropfen lassen. Den Knoblauch schälen und grob hacken. Die Petersilie waschen, trocken schütteln und die Blätter abzupfen.

2 Die vorbereiteten Zutaten mit dem Olivenöl in einen Rührbecher geben. Mit dem Pürierstab nicht zu fein pürieren und mit Pfeffer würzen. Gleich genießen oder in ein Schraubglas geben und mit Olivenöl bedecken. So hält sich die Tapenade bis zu 2 Wochen im Kühlschrank.

TIPP

Die Tapenade schmeckt auf geröstetem Baguette oder als Dip zu knackigem Gemüse.

SCHWARZE OLIVENTAPENADE

200 g aromatische schwarze Oliven (mit Stein) | 2 EL Kapern | 2 Sardellen (in Öl oder Salz eingelegt) | 2 Knoblauchzehen | 8 EL Olivenöl + evtl. Olivenöl zum Bedecken | Pfeffer

Schmeckt nach Südfrankreich

Für 4 Personen | 20 Min. Zubereitung
Pro Portion ca. 340 kcal, 2 g EW, 36 g F, 3 g KH

1 Die Oliven entsteinen, die Kapern abtropfen lassen, die Sardellen abspülen und trocken tupfen. Den Knoblauch schälen und grob hacken.

2 Die vorbereiteten Zutaten mit dem Olivenöl in einen Rührbecher geben und mit dem Pürierstab nicht zu fein pürieren. Mit Pfeffer würzen. Gleich genießen oder in ein Schraubglas geben und mit Olivenöl bedecken. So hält sich die Tapenade bis zu 2 Wochen im Kühlschrank.

TIPP

Das Entsteinen macht zwar etwas Mühe, aber es lohnt sich, weil schwarze Oliven mit Stein geschmacklich einfach besser sind.

MOJO ROJO

Traditionell begleitet die würzige Mojo die kanarischen Runzelkartoffeln. Mir schmeckt sie auch als würzige Sauce zu gegrilltem Fleisch oder auf einem Burger.

2 rote Paprika (ca. 500 g)
1 Tomate
1 kleine rote Chilischote
2 Knoblauchzehen
2 EL Tomatenmark
100 ml Olivenöl
3 EL Rotweinessig
1 EL edelsüßes Paprikapulver
1 TL gemahlener Kreuzkümmel
ca. 1 TL Salz
Zucker

Kartoffeln lieben sie

Für 4 Personen |
25 Min. Zubereitung
Pro Portion ca. 275 kcal,
2 g EW, 26 g F, 7 g KH

1 Die Paprika und die Tomate waschen und abtrocknen. Die Haut so gut wie möglich mit einem Sparschäler abschälen (am besten geht das mit einem gezackten). Die Paprika halbieren, Trennwände und Kerne entfernen und die Hälften grob würfeln. Die Tomate vierteln, vom Stielansatz befreien und entkernen.

2 Die Chilischote halbieren, Kerne entfernen, die Hälften waschen und klein schneiden. Den Knoblauch schälen und grob hacken. Paprika, Tomate, Chili und Knoblauch in einen hohen Rührbecher geben.

3 Das Tomatenmark, das Olivenöl, den Essig und die gemahlenen Gewürze dazugeben. Alle Zutaten mit dem Pürierstab fein pürieren. Ist die Mojo zu dickflüssig, esslöffelweise kaltes Wasser untermixen. Die Sauce mit dem Salz und 1 Prise Zucker abschmecken. Bis zur Verwendung zugedeckt kalt stellen.

VARIANTE

MOJO VERDE

Für grüne Mojo 2 grüne Paprika (ca. 500 g) waschen, abtrocknen und die Haut so gut wie möglich mit einem Sparschäler abschälen. Die Paprika halbieren, Trennwände und Kerne entfernen und die Hälften grob würfeln. 1 kleine grüne Chilischote halbieren, Kerne entfernen, die Hälften waschen und klein schneiden. 2 Knoblauchzehen schälen und grob hacken. Je 1 Bund Koriandergrün und Petersilie waschen, trocken schütteln und grob schneiden. Alles mit 100 ml Olivenöl, 3 EL Limettensaft, 1 TL gemahlenem Kreuzkümmel, ca. 1 TL Salz und 1 Prise Zucker fein pürieren, bei Bedarf etwas kaltes Wasser untermixen. Erneut abschmecken.

SENF-DILL-SAUCE

1 Bund Dill | 3 EL Weißweinessig | Salz | Pfeffer | 2 EL flüssiger milder Honig (z. B. Blüten- oder Akazienhonig) | 4 TL Dijonsenf | 2 TL körniger Senf | 6 EL Raps- oder Sonnenblumenöl

Veredelt nicht nur Lachs

Für 4 Personen | 15 Min. Zubereitung
Pro Portion ca. 190 kcal, 1 g EW, 16 g F, 9 g KH

1 Den Dill waschen, trocken schütteln und sehr fein schneiden oder hacken.

2 Den Essig mit etwas Salz und frisch gemahlenem schwarzem Pfeffer in eine Schüssel geben. Mit einem Spiral- oder Schneebesen so lange verrühren, bis sich das Salz aufgelöst hat.

3 Den Honig und beide Senfsorten unterrühren. Das Öl in einem dünnen Strahl dazugeben und mit einem Spiral- oder Schneebesen kräftig unterschlagen. Den Dill unterrühren und die Sauce mit Salz und Pfeffer abschmecken.

TIPP

Die Sauce passt wunderbar – aber nicht nur – zum Klassiker Graved Lachs! Mit je 3 EL Orangensaft oder Wasser und Joghurt verdünnt, erhalten Sie im Handumdrehen eine aromatische Salatsauce, die toll zu kräftigen Blattsalaten wie Eichblatt, Römersalat, Radicchio oder Rucola schmeckt. Oder Sie dippen knackiges Gemüse hinein, z. B. Gurken- oder Möhrenstifte, Blumenkohlröschen oder Fenchelstücke.

FEIGEN-SENF-SAUCE

200 g getrocknete Feigen | 200 ml Apfelsaft | 100 g Dijonsenf | 50 g Blütenhonig | 4 TL Senfmehl (z. B. von Colman's) | Salz | 1 TL Balsamico bianco

Das i-Tüpfelchen auf würzigem Käse

Für ca. 400 g | 20 Min. Zubereitung
Pro 50 g ca. 135 kcal, 3 g EW, 3 g F, 23 g KH

1 Von den Feigen den Stielansatz abschneiden, dann die Feigen in kleine Würfel schneiden. Die Feigenwürfel mit dem Apfelsaft in einen kleinen Topf geben und zum Kochen bringen.

2 Die Mischung zugedeckt bei kleiner Hitze ca. 10 Min. köcheln lassen. Mit dem Pürierstab fein pürieren und abkühlen lassen. Den Senf, den Honig und das Senfmehl unterrühren. Die Sauce mit Salz und dem Balsamico bianco abschmecken.

TIPP

Die süßlich-pikante Feigen-Senf-Sauce verfeinert eine Käseplatte, macht aus einem simplen Käse- oder Schinkenbrot eine wahre Delikatesse und eignet sich als leckeres Mitbringsel aus der Küche. Zum Verschenken oder für den Vorrat können Sie das Rezept gleich in einer richtig großen Menge herstellen. Erhitzen Sie dann die Mischung nach der Zugabe von Senf, Honig und Senfmehl erneut und füllen Sie den Feigensenf heiß in sterilisierte Schraubgläser.

TOMATEN-KETCHUP

Achtung, Suchtgefahr! In diesem Ketchup steckt das pralle Aroma von sonnengereiften Tomaten, die durch das lange Einkochen ausgesprochen intensiv schmecken.

2 kg vollreife, aromatische Tomaten
3 Zwiebeln
3 Knoblauchzehen
50 g Tomatenmark
100 ml Weißweinessig (ersatzweise Apfelessig)
75 g Rohrzucker
ca. 15 g Salz
6 Gewürznelken
5 Lorbeerblätter
2 TL rosenscharfes Paprikapulver

Sommer in der Flasche

Für ca. 1 l | 40 Min. Zubereitung | 35 Min. Kochen
Pro 50 g ca. 35 kcal, 1 g EW, 0 g F, 6 g KH

1 Die Tomaten waschen und in grobe Stücke schneiden, die Stielansätze entfernen. Die Zwiebeln und den Knoblauch schälen und würfeln. Tomaten, Zwiebeln und Knoblauch in einen großen, weiten Topf geben. Tomatenmark, Essig, Zucker, Salz und die Gewürze dazugeben. Das Ganze aufkochen und zugedeckt bei mittlerer Hitze ca. 10 Min. kochen lassen.

2 Den Deckel abnehmen und die Tomatenmischung offen weitere ca. 25 Min. etwa auf die Hälfte einkochen lassen, dabei vor allem gegen Ende der Kochzeit ab und zu umrühren.

3 Die Tomatenmasse durch ein Sieb oder eine Passiermühle (»Flotte Lotte«) streichen, dann zurück in den Topf geben und wieder erhitzen. Ist das Ketchup noch etwas zu flüssig, ein paar Minuten weiter offen einkochen lassen. Das Ketchup probieren und ggf. mit Salz und Zucker nachwürzen.

4 Das heiße Ketchup in saubere, heiß ausgespülte oder sterilisierte Flaschen füllen und diese sofort verschließen. Geöffnete Flaschen im Kühlschrank aufbewahren und innerhalb von ca. 4 Wochen verbrauchen.

TIPP **Für eine herrlich würzige BBQ-Sauce das Ketchup wie oben beschrieben zubereiten, dabei von Anfang an folgende Gewürze und Gewürzsaucen mitkochen: je 1 gehäuften TL geräuchertes Paprikapulver (Pimentón de la Vera), gemahlenen Kreuzkümmel und Currypulver, je ½ TL gelbes Senfpulver und Zimtpulver sowie 4 EL helle Sojasauce und 2 EL Worcestersauce. Wer es gerne besonders scharf mag, rührt noch 1 TL Cayennepfeffer unter.**

WARME SAUCEN

Wonach verlangen Spargel und Lasagne, Steak und Fischfilet? Genau, nach einer passenden Saucenbegleitung! Das kann eine cremige Béchamel oder eine buttrige, schaumige Sauce hollandaise sein. Bei anderer Gelegenheit passt eine kräftige Rotwein-Sahne-Sauce oder eine edle Safransauce.

BÉCHAMELSAUCE

Die Béchamelsauce ist ein wahrer Alleskönner und gar nicht schwierig zu machen. Sie ist ein Muss zum Überbacken von Lasagne oder Aufläufen mit Gemüse, Nudeln, Fisch oder Fleisch.

50 g Butter
40 g Mehl
500 ml Milch
1 Lorbeerblatt
Salz | Pfeffer
frisch geriebene Muskatnuss
2 Spritzer Zitronensaft

Sahniger Allrounder

Für 4 Personen |
20 Min. Zubereitung
Pro Portion ca. 210 kcal,
5 g EW, 15 g F, 13 g KH

1 Für die Mehlschwitze die Butter in einem Topf schmelzen und aufschäumen lassen. Das Mehl dazugeben und unter ständigem Rühren ca. 30 Sek. anschwitzen, die Mischung darf dabei nicht braun werden.

2 Die Hälfte der Milch dazugießen, dabei ständig mit einem Spiral- oder Schneebesen rühren, damit sich keine Klümpchen bilden. Dann die übrige Milch dazugießen, das Lorbeerblatt hinzufügen und die Milch unter Rühren aufkochen lassen.

3 Die Sauce mit Salz, schwarzem Pfeffer aus der Mühle und Muskatnuss würzen. Dann bei kleiner Hitze ca. 10 Min. köcheln lassen, dabei ab und zu umrühren, damit sie nicht anbrennt. Durch das längere Köcheln verliert die Sauce ihren Mehlgeschmack, darum diese Zeit bitte nicht abkürzen!

4 Die Béchamelsauce mit Salz, Pfeffer, Muskatnuss und Zitronensaft abschmecken.

TIPP Ich verfeinere die Sauce gerne noch mit Kräutern oder ersetze auch mal 200 ml Milch durch Sahne – für noch mehr Cremigkeit. Ein Schuss Weißwein sorgt für dezente Säure, dann passt die Sauce bestens zu gedünstetem Fisch. Für einen kräftigeren Geschmack rühre ich 75 g geriebenen würzigen Käse (z. B. Emmentaler oder Greyerzer) unter die heiße Sauce. Fein sind auch Béchamelkartoffeln: dafür 800 g gekochte und in Scheiben geschnittene Kartoffeln (am besten eine festkochende Sorte) in der Béchamelsauce erhitzen. Das ist eine tolle Beilage zu Fleischgerichten oder schmeckt als vegetarisches Gericht mit einem grünen Salat.

ROTWEIN-SAHNE-SAUCE

Basis für diese Sauce sind die Röstaromen im Bratensatz, der nach dem Anbraten der Steaks zurückbleibt. Während wir die Sauce machen, darf das Fleisch ruhen. Perfekt!

4 Rinderfiletsteaks (à ca. 150 g)
1 kleine Zwiebel
3 EL Öl
Salz | Pfeffer
2 kleine Zweige Rosmarin (ersatzweise Thymian)
1 EL Butter
75 ml Rotwein (ersatzweise Sherry, Weinbrand, roter Portwein oder Madeira)
200 ml Rinderbrühe (ersatzweise Rinderfond aus dem Glas)
100 g Sahne
Außerdem:
Alufolie

Blitzsauce zu Kurzgebratenem

Für 4 Personen | 30 Min. Zubereitung
Pro Portion ca. 375 kcal, 33 g EW, 25 g F, 2 g KH

1 Das Fleisch ca. 30 Min. vor der Zubereitung aus dem Kühlschrank nehmen. Die Zwiebel schälen und sehr fein würfeln. Den Backofen auf 100° vorheizen.

2 Das Öl in einer großen, schweren Pfanne stark erhitzen. Die Steaks hineinlegen und ca. 1 Min. kräftig anbraten. Das Fleisch salzen und pfeffern, dann wenden und auf der zweiten Seite ebenfalls ca. 1 Min. kräftig anbraten. Durch die große Hitze bilden sich die Röststoffe, die für eine aromatische Sauce nötig sind.

3 Die Hitze auf mittlere Stufe zurückschalten und die Steaks auf jeder Seite in 2–3 Min. fertig braten. Als Faustregel gilt: pro cm Fleischhöhe 1 Min. Bratzeit (Bild 1). Die Steaks herausnehmen, in Alufolie wickeln und im Backofen ca. 10 Min. ruhen lassen. Dabei entspannt sich das Fleisch und beim Anschneiden tritt nicht so viel Fleischsaft aus, sodass die Steaks saftig bleiben.

4 Inzwischen für die Sauce den Rosmarin waschen und gut trocken tupfen. Die Butter ins Bratfett geben und die Zwiebelwürfel darin glasig dünsten. Mit dem Rotwein ablöschen (Bild 2) und diesen fast vollständig einkochen lassen. Die Rinderbrühe dazugießen, den Rosmarin hinzufügen und das Ganze zum Kochen bringen. Bei großer Hitze ca. 2 Min. kochen lassen. Die Sahne dazugießen (Bild 3) und alles 2–3 Min. kochen lassen, bis die Sauce eindickt. Den Rosmarin herausnehmen.

5 Das Fleisch aus der Folie wickeln und den Fleischsaft, der aus dem Fleisch ausgetreten ist, in die Sauce rühren. Die Sauce mit Salz und Pfeffer abschmecken und mit dem Fleisch anrichten.

ESTRAGONSAUCE

150 g Butter | 3 Stängel Estragon | 2 Schalotten | 150 ml trockener Weißwein | 2 EL Weißweinessig | 1 gehäufter EL Crème fraîche | Salz | Pfeffer | 2 Spritzer Zitronensaft

Herrlich aromatisch zu Fisch

Für 4 Personen | 40 Min. Zubereitung
Pro Portion ca. 335 kcal, 1 g EW, 33 g F, 1 g KH

1 Die Butter in Würfel schneiden und mindestens 30 Min. in das Tiefkühlfach legen. Inzwischen den Estragon waschen, trocken schütteln, fein schneiden und beiseitestellen. Die Schalotten schälen und fein würfeln. Schalotten mit dem Weißwein und dem Essig in einem kleinen Topf aufkochen und offen auf ca. 4 EL einkochen lassen.

2 Diese eingekochte Sauce durch ein feines Sieb in einen zweiten kleinen Topf gießen, dabei die Schalotten im Sieb mit einer Saucenkelle oder einem Esslöffel gut ausdrücken.

3 Die eingekochte Sauce wieder erhitzen. Die eiskalten Butterwürfel mit einem Spiral- oder Schneebesen nacheinander einrühren. So lange rühren, bis die Butter geschmolzen ist und sich gut mit der Reduktion verbunden hat. Die Sauce jetzt nicht mehr kochen lassen, sonst gerinnt sie!

4 Die Sauce mit dem Pürierstab schaumig aufmixen. Die Crème fraîche und den Estragon unterrühren. Die Sauce mit Salz, Pfeffer und Zitronensaft abschmecken.

TIPP

Auch Kerbel ist ein wunderbares Kraut, das hervorragend zu Fisch passt. Für eine Kerbel-Limetten-Sauce ½ Bund Kerbel waschen, trocken tupfen und fein schneiden. 1 Bio-Limette heiß waschen und abtrocknen. Die Schale sehr fein abreiben und 1 Limettenhälfte auspressen. Die Sauce zubereiten wie links beschrieben, den Kerbel, die Limettenschale und den Limettensaft nach dem Aufmixen unterrühren.

SAFRANSAUCE

1 Msp. Safranfäden | 1 Schalotte | 1 kleine Knoblauchzehe | 1 EL Butter | 50 ml trockener weißer Wermut (z. B. Noilly Prat) | 100 ml trockener Weißwein | 200 ml Fischfond (aus dem Glas) | 100 g Sahne | 75 g Crème fraîche | Salz | Pfeffer | 1 Spritzer Zitronensaft

Veredelt jeden Fisch

Für 4 Personen | 20 Min. Zubereitung
Pro Portion ca. 220 kcal, 2 g EW, 19 g F, 4 g KH

1 Die Safranfäden mit 1 EL heißem Wasser beträufeln und beiseitestellen. Die Schalotte und den Knoblauch schälen und fein würfeln. Die Butter in einem Topf aufschäumen lassen. Schalotte und Knoblauch darin glasig dünsten. Mit dem Wermut ablöschen, den Weißwein dazugießen, aufkochen und auf die Hälfte einkochen. Den Fischfond dazugießen, aufkochen und auf ein Drittel einkochen.

2 Mit dem Pürierstab fein pürieren. Safran mit Wasser, Sahne und Crème fraîche hinzufügen, aufkochen und mit dem Pürierstab schaumig aufmixen. Mit Salz, Pfeffer und Zitronensaft würzen.

SENFSAUCE

2 Schalotten | 75 ml trockener Weißwein | 4 EL Weißweinessig | 200 g Sahne | 1 geh. EL körniger Senf | 1 EL Dijonsenf | Salz | Pfeffer | Zucker

Bringt Würze auf den Teller

Für 4 Personen | 20 Min. Zubereitung
Pro Portion ca. 195 kcal, 2 g EW, 17 g F, 4 g KH

1 Die Schalotten schälen und fein würfeln. Mit dem Weißwein und dem Essig in einem Topf aufkochen und auf ca. 4 EL einkochen. Die eingekochte Sauce durch ein feines Sieb in einen zweiten Topf gießen, dabei die Schalotten im Sieb mit einer Saucenkelle oder einem Esslöffel gut ausdrücken.

2 Die Sahne dazugeben und die Sauce erhitzen. Beide Senfsorten unterrühren und die Sauce mit Salz, Pfeffer und 1 Prise Zucker abschmecken.

TIPP

Für eine feine Senf-Kapern-Sauce rühre ich zum Schluss 2–3 TL gehackte Kapern unter und schmecke mit Kapernsud und Zucker ab.

WILDSAUCE MIT HOLUNDERBEEREN

Rehmedaillons, Hirschrücken oder Wildschweinkoteletts wünschen sich eine kräftige Begleitung! Diese tolle Sauce können Sie in aller Ruhe vorbereiten.

750 g fleischige Wildknochen (beim Metzger vorbestellen und klein hacken lassen)
2 große Zwiebeln
1 Bund Suppengrün
2 EL neutrales Öl
2 EL Tomatenmark
1 EL Mehl
500 ml kräftiger Rotwein
1,2 l Wildfond (aus dem Glas, ersatzweise Rinderfond)
1 TL schwarze Pfefferkörner
2 TL Wacholderbeeren
2 Lorbeerblätter
2 TL gemahlenes Wildgewürz
3 Zweige Thymian
4 große Dolden Holunderbeeren (ersatzweise 100 g Wildpreiselbeeren, siehe Tipp)
Salz | Pfeffer
Zucker
2 EL Aceto balsamico

Herbstliches Soulfood

Für 4 Personen | 1 Std. Zubereitung | 2 Std. Kochen
Pro Portion ca. 235 kcal, 6 g EW, 6 g F, 13 g KH

1 Den Backofen auf 220° vorheizen. Die Wildknochen auf einem Backblech oder Bräter verteilen und im heißen Ofen (Mitte) in ca. 30 Min. goldbraun rösten. Zwischendurch mehrmals wenden.

2 Inzwischen die Zwiebeln schälen und grob würfeln. Das Suppengrün putzen, waschen bzw. schälen und ebenfalls grob würfeln. Das Öl in einem großen Topf erhitzen und die Zwiebeln darin bei mittlerer Hitze ca. 3 Min. anrösten. Das Suppengrün dazugeben und ca. 5 Min. mitrösten.

3 Die Knochen aus dem Ofen nehmen und zum Gemüse geben. Das Tomatenmark einrühren und ca. 3 Min. unter ständigem Rühren rösten. Das Mehl darüberstäuben und unterrühren. Mit 1 Schuss Rotwein ablöschen und diesen vollständig einkochen lassen. Noch zweimal mit 1 Schuss Rotwein ablöschen und jeweils wieder einkochen lassen. Dann den übrigen Rotwein dazugießen, mit dem Wildfond und 200 ml Wasser aufgießen und alles zum Kochen bringen.

4 Die Pfefferkörner und die Wacholderbeeren im Mörser grob zerstoßen. Mit den Lorbeerblättern und dem Wildgewürz in den Topf geben. Die Sauce offen bei sehr kleiner Hitze ca. 2 Std. leise köcheln lassen. Inzwischen den Thymian waschen, trocken schütteln und die Blättchen abzupfen. Die Holunderdolden abbrausen und die Beeren mit einer Gabel von den Rispen streifen.

5 Die Sauce durch ein feines Sieb in einen Topf gießen und wieder zum Kochen bringen. Bei mittlerer Hitze in ca. 15 Min. sämig einkochen lassen. Den Thymian und die Holunderbeeren dazugeben und ca. 2 Min. mitkochen. Mit Salz, Pfeffer, Zucker und dem Aceto balsamico abschmecken.

TIPP **Diese kräftige Wildsauce lässt sich vielfältig variieren: Statt mit Holunderbeeren bereite ich sie auch gerne mit Zwetschgen- oder Pflaumenspalten zu. Außerhalb der Saison nehme ich Wildpreiselbeeren (aus dem Glas) oder Rotes Johannisbeergelee. Auch sehr fein: 1–2 Stückchen dunkle Schokolade ganz zum Schluss unter die Sauce rühren.**

SAUCE HOLLANDAISE

Zum ersten Spargel des Jahres muss ich sie unbedingt machen. Und wenn keine Spargelsaison ist, serviere ich sie zu Blumenkohl, Brokkoli oder gedünstetem Fischfilet.

1 Schalotte
100 ml trockener Weißwein
5 schwarze Pfefferkörner
200 g Butter
3 sehr frische Eigelb
Salz
2 Spritzer Zitronensaft

Heiß geliebter Klassiker

Für 4 Personen | 20 Min. Zubereitung
Pro Portion ca. 450 kcal, 3 g EW, 46 g F, 1 g KH

1 Die Schalotte schälen und fein würfeln. Mit dem Weißwein und den Pfefferkörnern in einem kleinen Topf aufkochen und auf die Hälfte einkochen lassen.

2 Inzwischen die Butter würfeln, in einem Topf schmelzen und aufkochen. Bei kleiner Hitze 5–10 Min. kochen lassen, bis sich die weiße Molke absetzt und die Butter klar wird. Die Molke mit einer Schaumkelle oder einem Löffel abschöpfen (Bild 1).

3 Einen kleinen Topf 2–3 cm hoch mit Wasser füllen und aufkochen lassen. Die Eigelbe in eine Edelstahlschüssel geben, die Weißweinmischung durch ein Sieb dazugießen, die Schalotten im Sieb gut ausdrücken. Die Schüssel auf das Wasserbad setzen (die Schüssel darf nicht mit dem Wasser in Berührung kommen). Die Eigelbmasse mit dem Schneebesen oder den Quirlen des Handrührgeräts in 2–3 Min. zu einer hellen dick-schaumigen Creme aufschlagen (Bild 2). Je schaumiger die Creme ist, desto luftiger wird die fertige Sauce!

4 Die warme Butter zunächst tropfenweise, dann in einem dünnen Strahl dazugeben und unterschlagen (Bild 3). Die Sauce mit Salz und Zitronensaft abschmecken und servieren. Oder über dem Wasserbad warm halten, dabei ab und zu umrühren, damit das Eigelb nicht fest wird.

TIPP **Meine Lieblingsvariante ist Hollandaise mit gebräunter Butter. Dafür die Butter aufkochen und dann weiterkochen lassen, bis sich am Topfboden hellbraune Partikel absetzen und die Butter nussig duftet. Durch ein feines Sieb gießen und, wie oben beschrieben, unter den Eischaum schlagen.**

1

2

3

PASTASAUCEN

Keine Pasta ohne Sugo! Denn der zaubert das selig-zufriedene Lächeln ins Gesicht, das sich unweigerlich nach dem Genuss eines Tellers Nudeln einstellt. Beliebte Klassiker finden Sie hier ebenso wie sahnige Saucen mit Pilzen oder Käse und feine Ragouts mit Fisch, Garnelen und Lamm.

SAUCE BOLOGNESE

Manchmal mache ich es wie die italienische »Mamma« und koche die doppelte Menge. Denn hier greift jeder gerne kräftig zu und aufgewärmt schmeckt sie fast noch besser.

1 große Zwiebel
2 Knoblauchzehen
200 g Möhren
3 Stangen Staudensellerie
4 EL Olivenöl
500 g gemischtes Hackfleisch
Salz | Pfeffer
4 EL Tomatenmark
100 ml trockener Rotwein (ersatzweise Rinderbrühe)
250 ml Rinderbrühe
4 Zweige Thymian
1 große Dose stückige Tomaten (800 g)
1 Lorbeerblatt
½ Bund Petersilie
1 EL Butter

Macht alle glücklich

Für 4 Personen | 35 Min. Zubereitung | 1 Std. 30 Min. Schmoren
Pro Portion ca. 435 kcal, 29 g EW, 29 g F, 9 g KH

1 Die Zwiebel und den Knoblauch schälen und fein würfeln. Die Möhren putzen, schälen und klein würfeln. Den Sellerie putzen, waschen, längs halbieren und klein würfeln. 2 EL Olivenöl in einer großen Pfanne erhitzen. Zwiebel, Möhren und Sellerie ca. 5 Min. darin anbraten. Den Knoblauch hinzufügen und kurz anbraten. Alles in einen Schmortopf umfüllen.

2 Das übrige Öl in der Pfanne erhitzen. Das Hackfleisch darin bei großer Hitze ca. 10 Min. unter Rühren krümelig braten. In den Topf geben, salzen und pfeffern und das Tomatenmark unterrühren. Mit dem Rotwein ablöschen und die Brühe dazugießen.

3 Den Thymian waschen, trocken schütteln und die Blättchen abzupfen. Thymian, stückige Tomaten und das Lorbeerblatt zum Hackfleisch geben. Aufkochen lassen. Bei kleiner Hitze mit halb aufgelegtem Deckel ca. 1 Std. 30 Min. schmoren, bis die Sauce schön sämig ist, dabei ab und zu umrühren.

4 Die Petersilie waschen, trocken schütteln und fein schneiden. Mit der Butter unter die Sauce rühren, das Lorbeerblatt entfernen und die Bolognese mit Salz und Pfeffer abschmecken.

VARIANTE VEGETARISCHE LINSEN-BOLOGNESE

1 Zwiebel, 2 Knoblauchzehen und 1 Bund Suppengrün schälen bzw. putzen und waschen. Fein würfeln. 3 EL Olivenöl erhitzen und das Gemüse 5 Min. darin anbraten. 600 g stückige Tomaten, 3 EL Tomatenmark, 600 ml Gemüsebrühe, 150 g Le-Puy-Linsen, 1 Lorbeerblatt und 1 EL Thymianblättchen dazugeben. Aufkochen und 20–25 Min. köcheln, bis die Linsen gar sind, aber nicht zerfallen. Salzen und pfeffern.

SPAGHETTI ALLA CARBONARA

Auch wenn das Original ohne Sahne auskommt – meine Familie und ich mögen die Spaghetti alla Carbonara am liebsten, wenn sie richtig schön cremig sind.

Salz
3 Stängel Petersilie (ersatzweise Basilikum)
150 g Pancetta (luftgetrockneter italienischer Bauchspeck; ersatzweise durchwachsener Bauchspeck)
1 Knoblauchzehe
2 EL Olivenöl
75 g Parmesan (am Stück)
4 sehr frische Eier
100 g Sahne
Pfeffer
400 g Spaghetti

Bella Italia ruft

Für 4 Personen | 30 Min. Zubereitung
Pro Portion ca. 750 kcal, 31 g EW, 37 g F, 72 g KH

1 Für die Spaghetti in einem großen Topf reichlich Salzwasser aufkochen lassen. Die Petersilie waschen, trocken schütteln und fein schneiden. Beiseitelegen. Den Pancetta klein würfeln. Den Knoblauch schälen und halbieren.

2 Das Öl in einem weiten Topf erhitzen. Den Speck und den Knoblauch dazugeben und anbraten, bis der Speck knusprig ist. Den Knoblauch wieder herausnehmen.

3 Den Parmesan fein reiben. Die Eier aufschlagen. Parmesan, Eier und Sahne kräftig verquirlen. Mit sehr wenig Salz, aber reichlich Pfeffer würzen. Die Spaghetti im kochenden Salzwasser nach Packungsanweisung bissfest kochen. In ein Sieb abgießen und abtropfen lassen (nicht abschrecken!). Die heißen Spaghetti in den Topf geben und mit dem Speck vermischen. Den Topf vom Herd nehmen, die Eier-Parmesan-Sahne-Mischung dazugießen und rasch unterrühren.

4 Die Spaghetti alla Carbonara auf vorgewärmte tiefe Teller verteilen und mit der Petersilie bestreuen.

VARIANTE

VEGETARISCHE ERBSEN-CARBONARA
1 Zwiebel und 1 Knoblauchzehe schälen und in feine Würfel schneiden. 75 g Parmesan reiben. Mit 4 Eiern, 100 g Sahne und 200 ml Milch kräftig verquirlen. Mit wenig Salz, reichlich Pfeffer und etwas frisch geriebener Muskatnuss würzen. 400 g Spaghetti in kochendem Salzwasser bissfest kochen, 2 Min. vor Ende der Garzeit 300 g TK-Erbsen unaufgetaut dazugeben. Das Wasser wieder aufkochen und die Erbsen ca. 2 Min. mitkochen. In ein Sieb abgießen, abtropfen lassen und zurück in den Topf geben. Die Eier-Parmesan-Mischung rasch unterrühren. 2 EL in feine Streifen geschnittene Minzeblättchen unterrühren und die Erbsen-Carbonara servieren.

TOMATENSUGO

Diese kräuterwürzige Nudelsauce schmeckt nach Urlaub im Süden! Sie ist auch eine gute Basissauce für viele Variationen – hier sind Ihrer Kreativität keine Grenzen gesetzt.

1 kg reife Tomaten
1 Zwiebel
2 Knoblauchzehen
1 kleine Möhre
1 Stange Staudensellerie
1 Zweig Salbei
2 Zweige Thymian
2 Stängel Oregano
2 EL Olivenöl
1 Lorbeerblatt
100 ml Gemüsebrühe
Salz | Pfeffer
Zucker

Der Hit für Groß und Klein

Für 4 Personen | 30 Min. Zubereitung | 30 Min. Kochen
Pro Portion ca. 100 kcal, 3 g EW, 6 g F, 9 g KH

1 Die Stielansätze der Tomaten herausschneiden, die Tomaten kreuzweise einschneiden, mit kochendem Wasser überbrühen, kalt abschrecken, häuten und in grobe Stücke schneiden.

2 Die Zwiebel und den Knoblauch schälen und klein würfeln. Die Möhre und den Staudensellerie putzen und waschen, das Selleriegrün beiseitelegen. Möhre und Sellerie klein würfeln. Die Kräuter waschen, trocken schütteln und mit dem Selleriegrün hacken.

3 Das Öl in einem weiten Topf erhitzen. Zwiebel, Möhre und Sellerie darin 2–3 Min. dünsten. Tomaten, Knoblauch, Kräuter, Lorbeerblatt und Gemüsebrühe dazugeben und aufkochen lassen. Alles offen bei mittlerer Hitze ca. 30 Min. köcheln lassen, bis die Sauce dicklich eingekocht ist, dabei öfter umrühren.

4 Die Sauce mit dem Pürierstab pürieren und durch ein nicht zu feines Sieb streichen. Mit Salz, Pfeffer und Zucker abschmecken.

VARIANTE SUGO ALLA PUTTANESCA

2 Knoblauchzehen schälen und fein würfeln. 50 g schwarze Oliven entsteinen und hacken. 4 abgetropfte Sardellenfilets fein hacken. 1 rote Chilischote halbieren, die Kerne entfernen, die Hälften waschen und fein würfeln. 800 g reife Tomaten häuten und grob hacken. 4 EL Olivenöl erhitzen, Knoblauch, Sardellen und Chili darin 2 Min. andünsten. Oliven, 1 EL Kapern, Tomaten und 1 Prise Zucker dazugeben. Ca. 3 Min. dünsten. 250 ml heißes Nudelkochwasser und sehr bissfest gekochte Nudeln (Rohgewicht 400 g) dazugeben. Alles unter Rühren ca. 3 Min. erhitzen, salzen und pfeffern. Auf Teller verteilen und mit Petersilie bestreuen.

PILZRAHMSAUCE

500 g gemischte Wald- und Zuchtpilze (z. B. Steinpilze, Pfifferlinge und Champignons) | 4 Stängel Petersilie | 1 Zwiebel | 2 Knoblauchzehen | 100 g Parmaschinken (in Scheiben) | 2 EL Olivenöl | 2 EL Butter | 100 ml trockener Weißwein (ersatzweise Gemüsebrühe + 1 EL Zitronensaft) | 250 g Sahne | 150 ml Gemüsebrühe | 1 Zweig Thymian | Salz | Pfeffer | frisch geriebene Muskatnuss

So schmeckt der Herbst

Für 4 Personen | 30 Min. Zubereitung
Pro Portion ca. 400 kcal, 12 g EW, 35 g F, 4 g KH

1 Die Pilze, besonders die Waldpilze (Steinpilze und Pfifferlinge), gründlich säubern, dabei anhaftende Erde mit einer Pilzbürste abbürsten oder die Pilze mit einem feuchten Küchenpapier gut abreiben. Die Pilze in Stücke oder dicke Scheiben schneiden. Die Petersilie waschen, trocken schütteln, fein schneiden und beiseitestellen.

2 Die Zwiebel und den Knoblauch schälen und fein würfeln. Den Parmaschinken klein schneiden. Das Öl und 1 EL Butter in einer weiten Pfanne erhitzen und die Pilze dazugeben. Bei mittlerer bis großer Hitze rundherum 3–4 Min. kräftig anbraten. Wieder herausnehmen.

3 Die übrige Butter in die Pfanne geben und die Zwiebel, den Knoblauch und den Schinken darin kurz andünsten. Mit dem Weißwein ablöschen. Die Sahne und die Gemüsebrühe dazugießen und aufkochen lassen. Den Thymian waschen, trocken tupfen, die Blätter abzupfen und hinzufügen. Die Sauce offen ca. 5 Min. leicht einkochen lassen.

4 Die Pilze mitsamt Sud hinzufügen und alles noch einmal erhitzen. Das Lorbeerblatt herausnehmen und die Sauce mit Salz, Pfeffer und Muskatnuss würzen. Die Petersilie unterrühren.

TIPP

Die raffinierte Pilzrahmsauce reiche ich nicht nur zu Nudeln, sondern auch zu Gnocchi oder Schupfnudeln. Wer es vegetarisch mag, lässt den Schinken einfach weg, denn die Sauce schmeckt auch ohne köstlich!

GORGONZOLASAUCE

1 Zwiebel | 1 Knoblauchzehe | 4 Stängel Basilikum | 30 g Butter | 300 g Sahne | 150 ml Gemüsebrühe | 175 g Gorgonzola | Salz | Pfeffer | frisch geriebene Muskatnuss

Die feinwürzige Sahnige

Für 4 Personen | 20 Min. Zubereitung
Pro Portion ca. 450 kcal, 11 g EW, 44 g F, 4 g KH

1 Die Zwiebel und den Knoblauch schälen und fein würfeln. Das Basilikum waschen, trocken schütteln und die Blätter in feine Streifen schneiden. Die Butter in einem Topf schmelzen und die Zwiebel darin in 4–5 Min. glasig dünsten. Den Knoblauch hinzufügen und kurz mitdünsten.

2 Die Sahne und die Gemüsebrühe dazugießen, den Gorgonzola in Stückchen teilen und unterrühren. Alles bei kleiner Hitze ca. 5 Min. leicht köcheln lassen, bis der Käse geschmolzen ist. Die Sauce mit wenig Salz, reichlich Pfeffer und Muskatnuss würzen. Mit den Basilikumstreifen bestreuen.

KÄSERAHMSAUCE

1 Zwiebel | 1 Knoblauchzehe | 10 Salbeiblätter | 3 EL Butter | 1 geh. EL Mehl | 200 ml Gemüsebrühe | 100 ml Milch | 100 g Appenzeller (am Stück) | 50 g Emmentaler (am Stück) | 125 g Mascarpone | Salz | Cayennepfeffer | frisch geriebene Muskatnuss | 2 Spritzer Zitronensaft

Die deftige Sahnige

Für 4 Personen | 25 Min. Zubereitung
Pro Portion ca. 415 kcal, 13 g EW, 37 g F, 7 g KH

1 Die Zwiebel und den Knoblauch schälen und fein würfeln. Den Salbei in feine Streifen schneiden. Die Butter in einem Topf schmelzen und die Zwiebel darin in 4–5 Min. glasig dünsten, Knoblauch und Salbei dazugeben und kurz mitdünsten. Das Mehl darüberstäuben und unterrühren. Gemüsebrühe und Milch dazugießen, aufkochen und ca. 5 Min. köcheln lassen.

2 Inzwischen beide Käse fein reiben. Mit dem Mascarpone in die Sauce geben und unter Rühren schmelzen. Die Sauce mit Salz, Cayennepfeffer, Muskatnuss und Zitronensaft abschmecken.

LACHS-FENCHEL-SAUCE

300 g Fenchel | 2 Bio-Orangen | 1 Zwiebel | 2 TL Fenchelsamen | 500 g Lachsfilet | 3 EL Olivenöl | Salz | Pfeffer | 60 ml trockener weißer Wermut (z. B. Noilly Prat) | 300 g Sahne

Dreamteam vom Feinsten

Für 4 Personen | 25 Min. Zubereitung
Pro Portion ca. 615 kcal, 27 g EW, 49 g F, 12 g KH

1 Den Fenchel putzen und waschen, das Fenchelgrün klein schneiden und beiseitelegen. Den Fenchel in dünne Streifen schneiden. 1 Orange heiß waschen und abtrocknen, die Schale fein abreiben. Beide Orangen mit einem Messer mitsamt der weißen Haut schälen und die Filets zwischen den Trennhäuten herauslösen, den Saft dabei auffangen. Die Zwiebel schälen und fein würfeln. Die Fenchelsamen im Mörser grob zerstoßen.

2 Das Lachsfilet kalt abspülen, trocken tupfen und in große Würfel schneiden. In einer großen Pfanne 2 EL Öl erhitzen. Die Fischwürfel dazugeben und rundherum ca. 2 Min. anbraten. Mit Salz und Pfeffer würzen, herausnehmen und zugedeckt warm halten.

3 Die Pfanne mit Küchenpapier säubern und das übrige Öl darin erhitzen. Die Fenchelstreifen dazugeben und rundherum ca. 3 Min. anbraten. Die Zwiebel und die Fenchelsamen dazugeben und kurz anbraten. Mit dem Wermut ablöschen. Die Sahne und den Orangensaft dazugießen und aufkochen lassen. Orangenfilets, -schale und Lachswürfel vorsichtig unterrühren und erwärmen. Die Sauce mit Salz und Pfeffer kräftig würzen. Mit dem Fenchelgrün bestreuen.

SPARGEL-GARNELEN-SAUCE

500 g grüner Spargel | 1 Zwiebel | 1 Knoblauchzehe | 1 Bio-Zitrone | 500 g TK-Riesengarnelenschwänze (aufgetaut) | 4 Stängel Basilikum | 2 EL Olivenöl | Salz | Pfeffer | 100 ml trockener Weißwein | 250 g Sahne | Zucker

Feinschmecker-Frühlingspasta

Für 4 Personen | 40 Min. Zubereitung
Pro Portion ca. 395 kcal, 27 g EW, 27 g F, 6 g KH

1 Den Spargel waschen und die Enden abschneiden. Die Stangen im unteren Drittel schälen und in ca. 5 cm lange Stücke schneiden. Die Zwiebel und den Knoblauch schälen und fein würfeln. Die Zitrone heiß waschen und abtrocknen, die Schale fein abreiben und den Saft auspressen.

2 Die Garnelen schälen und ggf. den schwarzen Darm entfernen. Garnelen kalt waschen und trocken tupfen. Das Basilikum waschen, trocken schütteln und die Blätter nach Belieben in Streifen schneiden, kleine Blätter ganz lassen.

3 Das Öl in einer Pfanne erhitzen und die aufgetauten Garnelen dazugeben. Ca. 3 Min. rundherum anbraten, salzen und pfeffern, herausnehmen und zugedeckt warm halten. Den Spargel und die Zwiebel im Bratfett anbraten, den Knoblauch unterrühren. Mit Zitronensaft und Weißwein ablöschen. Die Sahne dazugießen und die Zitronenschale hinzufügen. Alles aufkochen und 5 Min. offen einkochen lassen. Die Garnelen dazugeben und erhitzen. Die Sauce mit Salz, Pfeffer und Zucker abschmecken. Mit dem Basilikum bestreuen.

LAMMRAGOUT

Viele denken bei Pastagerichten nur an die schnelle Küche, aber so ein langsam geschmortes Fleischragout ergibt einfach eine unglaublich aromatische Sauce!

2 Zwiebeln
3 Knoblauchzehen
5 getrocknete Tomaten
400 g Lammfleisch (Schulter oder Keule)
3 EL Olivenöl
Salz | Pfeffer
1 EL Mehl
200 ml Weißwein (ersatzweise Lamm- oder Rinderfond)
300 ml Lammfond (ersatzweise Rinderfond; aus dem Glas)
250 g stückige Tomaten
2 Lorbeerblätter
40 g getrocknete Aprikosen
3 kleine Zweige Rosmarin
60 g grüne Oliven (entsteint)

Zum Gäste-Verwöhnen

Für 4 Personen | 35 Min. Zubereitung | 1 Std. Schmoren
Pro Portion ca. 335 kcal, 22 g EW, 17 g F, 11 g KH

1 Die Zwiebeln und den Knoblauch schälen. Die Zwiebeln in Streifen schneiden, den Knoblauch würfeln. Die getrockneten Tomaten in feine Streifen schneiden. Das Lammfleisch in ca. 3 cm große Würfel schneiden, dabei Fett und Sehnen entfernen.

2 Das Öl in einem Schmortopf erhitzen. Das Fleisch dazugeben und bei großer Hitze ca. 5 Min. rundherum stark anbraten, dann salzen und pfeffern. Die Zwiebeln dazugeben und kurz anbraten, den Knoblauch hinzufügen und unterrühren. Das Mehl darüberstäuben und kurz anrösten.

3 Mit dem Weißwein ablöschen. Den Fond, die getrockneten und die stückigen Tomaten sowie die Lorbeerblätter dazugeben. Aufkochen und zugedeckt bei kleiner Hitze ca. 45 Min. schmoren.

4 Inzwischen die getrockneten Aprikosen halbieren. Den Rosmarin waschen und trocken schütteln, die Nadeln fein schneiden. Aprikosen, Rosmarin und die Oliven zum Ragout geben und alles weitere ca. 15 Min. schmoren. Die Lorbeerblätter herausnehmen und das Ragout mit Salz und Pfeffer abschmecken.

TIPP

Die Auswahl an Nudelsorten ist enorm. Welche passt wozu? Während es in Italien recht feste Verbindungen von Pasta und Sauce gibt, sehen wir das locker und teilen grob ein: Die langen, dünnen (Spaghetti, Linguine) passen zu Bolognese und zu Pesto. Die kurzen, eher dicken Röhren (Penne, Rigatoni) lieben deftige Saucen und Ragouts. Die Verdrehten (Farfalle, Fusilli) nehmen dank ihrer Form viel Sauce auf und eignen sich für Tomaten- und Sahnesaucen.

1/2 CUP 125 ml

SÜSSE SAUCEN

Viele süße Saucen könnte ich einfach weglöffeln, so köstlich sind sie. Geht es Ihnen auch so? Aber beherrschen wir uns lieber, denn als Begleitung von sahnigen Desserts, duftenden Mehlspeisen oder süßen Hauptgerichten laufen die feinen süßen Saucen erst so richtig zur Hochform auf!

VANILLESAUCE

Manche Desserts und süßen Hauptgerichte werden erst mit einer Vanillesauce zum Hochgenuss. Durch die Kombination von Eigelb und Stärke ist diese hier besonders cremig.

1 Vanilleschote
15 g Speisestärke
500 ml Milch
3 sehr frische Eigelb
75 g Zucker

Ein Traum zu Roter Grütze

Für 4 Personen | 15 Min. Zubereitung
Pro Portion ca. 220 kcal, 7 g EW, 9 g F, 28 g KH

1 Die Vanilleschote der Länge nach aufschneiden und das Mark mit einem kleinen Küchenmesser herauskratzen. Die ausgekratzte Schote beiseitelegen. Die Speisestärke mit 5 EL Milch, den Eigelben und dem Zucker glatt rühren. Die übrige Milch mit dem Vanillemark und der -schote in einen Topf geben und aufkochen.

2 Die angerührte Stärkemischung mit dem Rührbesen in die kochende Vanillemilch einrühren. Unter ständigem Rühren mit einem Schneebesen einmal aufkochen lassen, dann den Topf vom Herd nehmen. Die Sauce gerinnt nicht, da die Speisestärke das Ausflocken des Eigelbs verhindert.

3 Die Sauce durch ein feines Sieb in eine Schüssel gießen, so bleiben Vanilleschote, Rückstände von den Eigelben oder eventuelle Stärkeklümpchen zurück. Die Sauce warm servieren oder für den kalten Genuss direkt auf der Oberfläche mit Frischhaltefolie abdecken, damit sich keine Haut bildet, und abkühlen lassen.

VARIANTE

WEISSE KAFFEESAUCE

2 geh. EL Espresso- oder Kaffeebohnen mit 250 ml Milch und 200 g Sahne aufkochen, vom Herd nehmen und zugedeckt mind. 2 Stunden ziehen lassen. 15 g Speisestärke mit 5 EL Milch, 3 Eigelben und 75 g Zucker glatt rühren. Die Kaffeemischung durch ein Sieb in einen zweiten Topf gießen, die Kaffeebohnen im Sieb ausdrücken und das Ganze aufkochen. Die Stärkemischung einrühren und unter ständigem Rühren aufkochen lassen. Durch ein Sieb in eine Schüssel gießen. Nach Belieben 2 EL Kaffeelikör (z. B. Kahlua oder Tia Maria) unterrühren. Die Sauce warm oder kalt servieren.

DUNKLE SCHOKOLADENSAUCE

100 g feine Zartbitterschokolade (70 % Kakao) | 100 ml Milch | 100 g Sahne | 1 Tonkabohne (ersatzweise ½ TL Zimtpulver)

Unwiderstehlich heiß oder kalt

Für 4 Personen | 10 Min. Zubereitung
Pro Portion ca. 225 kcal, 3 g EW, 19 g F, 10 g KH

1 Die Schokolade in Stücke brechen. Die Milch und die Sahne in einem Topf erhitzen, die Schokolade dazugeben und unter Rühren mit einem Schneebesen bei kleiner Hitze schmelzen.

2 Ca. 1 Msp. Tonkabohne fein dazureiben und unterrühren. Die Sauce entweder warm servieren oder direkt auf der Oberfläche mit Frischhaltefolie bedecken und abkühlen lassen.

TIPP

Für eine Nugatsauce 75 g Nuss-Nugat-Masse und 25 g Zartbitterschokolade (70 % Kakao) verwenden und die Sauce wie beschrieben zubereiten. Anstelle der Tonkabohne ½ TL abgeriebene Bio-Orangenschale unterrühren.

WEISSE SCHOKOLADENSAUCE

150 g weiße Schokolade | 1 kleiner Zweig Rosmarin | 100 ml Milch | 100 g Sahne

Mit Rosmarin-Kick

Für 4 Personen | 10 Min. Zubereitung
Pro Portion ca. 295 kcal, 3 g EW, 20 g F, 26 g KH

1 Die Schokolade in Stücke brechen, den Rosmarin waschen, trocken tupfen und die Nadeln sehr fein schneiden.

2 Die Milch und die Sahne in einem kleinen Topf erhitzen. Den Rosmarin hinzufügen. Die Schokolade dazugeben und unter Rühren mit einem Schneebesen bei kleiner Hitze schmelzen.

TIPP

Die weiße Schokoladensauce lässt sich auch mit anderen Kräutern bzw. Gewürzen aromatisieren. Ich mache sie auch gerne mit 1 TL zerstoßenen Rosa Pfefferbeeren anstelle des Rosmarins. Scharf-aromatisch wird die Sauce mit 1–2 Prisen Piment d'Espelette (aus dem Feinkostladen, ersatzweise Cayennepfeffer).

KARAMELLSAUCE

½ Vanilleschote | 100 g Zucker | 200 g Sahne

Genial zu Brownies

Für 4 Personen | 20 Min. Zubereitung
Pro Portion ca. 255 kcal, 1 g EW, 16 g F, 27 g KH

1 Die Vanilleschote der Länge nach aufschneiden und das Mark herauskratzen. Die ausgekratzte Schote beiseitelegen. Den Zucker in einer großen Pfanne bei kleiner bis mittlerer Hitze langsam ohne Rühren schmelzen, bis er hell- bis goldbraun ist.

2 Die Sahne vorsichtig dazugießen, Achtung, das kann spritzen! Dann die Vanilleschote dazugeben. Die Sauce aufkochen und bei kleiner Hitze kochen lassen, bis die Karamellklümpchen aufgelöst sind. Die Vanilleschote herausnehmen, das Vanillemark unterrühren und die Sauce abkühlen lassen.

TIPP

Wie wäre es mal mit einer Salzkaramell-Sauce? Dafür ½ TL feine Meersalzflocken (z. B. französisches Fleur de Sel oder englisches Maldon Sea Salt) unter die abgekühlte Sauce rühren.

HASELNUSSSAUCE

100 g Sahne | 100 ml Milch | 50 g Vollmilchschokolade | 100 g Haselnussmus (ungesüßt) | 40 g milder Honig (z. B. Blütenhonig) | 1 TL Lebkuchengewürz (ersatzweise Zimtpulver)

Vanilleeis liebt sie sehr

Für 4 Personen | 15 Min. Zubereitung
Pro Portion ca. 355 kcal, 6 g EW, 28 g F, 20 g KH

1 Die Sahne und die Milch in einen kleinen Topf geben und erhitzen. Die Schokolade in Stücke brechen, dazugeben und unter Rühren mit einem Schneebesen bei kleiner Hitze schmelzen.

2 Das Haselnussmus und den Honig gut unterrühren und die Sauce mit dem Lebkuchengewürz abschmecken. Sie schmeckt warm oder kalt.

TIPP

Das ungesüßte Haselnussmus bekommen Sie im gut sortierten Supermarkt, im Bioladen oder Reformhaus. Angebrochene Gläser am besten im Kühlschrank aufbewahren, so hält sich das Mus lange frisch.

CRANBERRYSAUCE

Die Sauce ist ein Hingucker und der Geschmack steht der Farbe in nichts nach. Ich liebe sie zu Rohrnudeln oder Waffeln, aber auch zu Mousse mit Mohn oder Schokolade.

1 Bio-Orange
½ Vanilleschote
250 g frische Cranberrys (ersatzweise TK)
80 g Zucker
125 ml Rotwein (ersatzweise roter Traubensaft)
½ Zimtstange
2 Gewürznelken
2 TL Speisestärke

Feinherb und karamellsüß

Für 4 Personen | 25 Min. Zubereitung
Pro Portion ca. 145 kcal, 0 g EW, 0 g F, 27 g KH

1 Die Orange heiß waschen und abtrocknen. Einen ca. 5 cm langen Streifen Orangenschale abschälen und 6 EL Saft auspressen. Die Vanilleschote der Länge nach aufschneiden und das Mark herauskratzen. Die ausgekratzte Schote beiseitelegen. Die frischen Cranberrys verlesen, abbrausen und abtropfen lassen (TK-Cranberrys nicht auftauen).

2 Den Zucker in einem breiten Topf bei kleiner Hitze langsam zu hellbraunem Karamell schmelzen, dabei nicht umrühren. Den Rotwein und den Orangensaft sowie 100 ml Wasser dazugießen (Vorsicht, es spritzt!) und aufkochen, bis sich der hart gewordene Karamell wieder aufgelöst hat.

3 Orangenschale, Zimtstange, Gewürznelken, Vanillemark, ausgekratzte Vanilleschote und die Cranberrys dazugeben und aufkochen. Offen bei mittlerer Hitze ca. 3 Min. kochen lassen, bis die Cranberrys anfangen aufzuplatzen.

4 Die Speisestärke mit 2 EL Wasser verrühren und in die kochende Flüssigkeit einrühren, damit die Cranberrysauce eindickt. Orangenschale, Vanilleschote, Zimtstange und Gewürznelken herausnehmen. Die Sauce heiß genießen oder abkühlen lassen.

VARIANTE

SÜSSPIKANTE CRANBERRYSAUCE

So schmeckt die Sauce würzig: Lassen Sie die Vanilleschote weg. Stattdessen kochen Sie 1 Lorbeerblatt, 4 EL Aceto balsamico, ½ TL Chiliflocken und 3 Pimentkörner mit. Die fertige Sauce mit 3 EL heller Sojasauce abschmecken. Ganz hervorragend zu gebratener Hähnchen- oder Entenbrust, zu Truthahn oder Schweinemedaillons.

HIMBEERSAUCE

300 g frische Himbeeren (ersatzweise TK) | 2 EL Puderzucker | 2 EL Zitronensaft

Himmlisch zu Eis und Panna cotta

Für 4 Personen | 10 Min. Zubereitung
Pro Portion ca. 65 kcal, 1 g EW, 0 g F, 14 g KH

1 Die Himbeeren verlesen, mit dem Puderzucker und dem Zitronensaft in einen hohen Rührbecher geben und mit dem Pürierstab fein pürieren.

2 Das Himbeerpüree mit einer kleinen Schöpfkelle oder einem Esslöffel durch ein feines Sieb streichen, sodass die Kernchen im Sieb zurückbleiben. Die Himbeersauce bis zum Genuss zugedeckt kalt stellen.

TIPP

Für eine Cassissauce die Himbeeren durch Schwarze Johannisbeeren ersetzen und nach Belieben 2 EL Crème de Cassis (Schwarzer Johannisbeerlikör) dazugeben.

MANGOSAUCE

1 große Mango (am besten eine reife Flugmango) | 1 Stück Ingwer (ca. 15 g) | 2 EL Honig (z. B. Akazienhonig; ersatzweise Agavensirup) | ca. 125 ml Orangensaft

Fruchtig und ingwerwürzig

Für 4 Personen | 15 Min. Zubereitung
Pro Portion ca. 80 kcal, 1 g EW, 0 g F, 19 g KH

1 Die Mango schälen, das Fruchtfleisch vom Kern schneiden und grob würfeln. Den Ingwer schälen und fein hacken. Die Mango, den Ingwer, den Honig und 125 ml Orangensaft in einen hohen Rührbecher geben.

2 Alles mit dem Pürierstab fein pürieren. Ist die Sauce zu dick, noch etwas Orangensaft unterrühren. Die Sauce nach Belieben durch ein feines Sieb streichen. Bis zum Genuss zugedeckt kalt stellen.

TIPP

Anstelle von frischem Ingwer können Sie auch 1–2 klein gehackte Stücke kandierten verwenden. 1 Prise Cayennepfeffer bringt Extra-Pep.

ZWETSCHGENSAUCE

500 g Zwetschgen (ersatzweise Pflaumen) | 4 EL Zucker | 250 ml Rotwein (ersatzweise roter Traubensaft) | ½ Zimtstange | 1 Sternanis

Herbstaroma pur

Für 4 Personen | 20 Min. Zubereitung
Pro Portion ca. 190 kcal, 1 g EW, 0 g F, 32 g KH

1 Die Zwetschgen waschen, halbieren, entsteinen und in Spalten schneiden. Den Zucker in einem breiten Topf bei kleiner Hitze langsam zu hellbraunem Karamell schmelzen, dabei nicht umrühren. Den Rotwein dazugießen (Vorsicht, es spritzt!) und aufkochen. Kochen lassen, bis sich der hart gewordene Karamell wieder aufgelöst hat.

2 Die Zwetschgenspalten, die Zimtstange und den Sternanis dazugeben und alles 5–7 Min. köcheln lassen, bis die Zwetschgenspalten weich sind und die Flüssigkeit etwas eingekocht ist. Die Sauce schmeckt heiß oder kalt zu Grießbrei, Vanille- und Nusseis.

APRIKOSENSAUCE

500 g reife Aprikosen | ½ Vanilleschote | 4 EL Zucker | 125 ml Weißwein (ersatzweise Orangensaft) | 125 ml Orangensaft

Ein Traum zu sahnigen Desserts

Für 4 Personen | 20 Min. Zubereitung
Pro Portion ca. 280 kcal, 0 g EW, 0 g F, 62 g KH

1 Die Aprikosen waschen, halbieren, entsteinen und in breite Spalten schneiden. Die Vanilleschote der Länge nach aufschneiden und das Mark herauskratzen. Den Zucker in einem breiten Topf bei kleiner Hitze langsam zu hellbraunem Karamell schmelzen, dabei nicht umrühren. Den Weißwein und den Orangensaft dazugießen (Vorsicht, es spritzt!) und aufkochen, bis sich der hart gewordene Karamell wieder aufgelöst hat.

2 Die Aprikosen und das Vanillemark dazugeben und ca. 5 Min. köcheln lassen, bis die Aprikosen weich sind und die Flüssigkeit etwas eingekocht ist. Die Sauce schmeckt heiß oder kalt.

REGISTER

Damit Sie Rezepte mit bestimmten Zutaten noch schneller finden, sind in diesem Register beliebte Zutaten wie **Käse** oder **Tomaten** alphabetisch eingeordnet und hervorgehoben. Darunter finden Sie das Rezept Ihrer Wahl. Vegetarische Rezepte, die im Buch mit einem 🍃 gekennzeichnet sind, sind hier grün abgesetzt.

A/B

C/D

E

F

G

H

I

K

L/M

O

Projektleitung: Sigrid Burghard
Lektorat: Katharina Lisson
Korrektorat: Petra Bachmann
Innen- und Umschlaggestaltung: independent Medien-Design, Horst Moser, München
Herstellung: Mendy Willerich
Satz: Kösel, Krugzell
Reproduktion: Repro Ludwig, Zell am See
Druck und Bindung: Schreckhase, Spangenberg
Syndication: www.seasons.agency
Printed in Germany

1. Auflage 2017
ISBN 978-3-8338-5888-8
www.facebook.com/gu.verlag

GRÄFE UND UNZER
Ein Unternehmen der
GANSKE VERLAGSGRUPPE

Die Autorin

Anne-Katrin Weber studierte nach ihrer Ausbildung zur Köchin Ernährungswissenschaften und ist seit vielen Jahren Autorin zahlreicher Koch- und Backbücher. Auch als Foodstylistin ist sie für namhafte Redaktionen im In- und Ausland tätig. Als zweifache Mutter weiß sie aus Erfahrung, dass ohne Sauce bei den Kids rein gar nichts läuft und verfügt deshalb über ein riesiges Repertoire.

Der Fotograf

Wolfgang Schardt kann seine Liebe für Essen und Trinken beruflich ausleben: In seinem Studio in Hamburg fotografiert er Food, Stills und Interieur für Magazine, Verlage und Werbung. Zusammen mit **Anne-Katrin Weber** (Foodstyling) und **Janet Hesse** (Foto-Assistenz) verwandelte er sein Fotostudio in einen wahren Saucentraum.
www.wolfgangschardt.com.

Bildnachweis

Alle Fotos: Wolfgang Schardt, Hamburg

Titelrezepte

Erbsen-Minz-Pesto (S. 12), Safransauce (S. 31), Tomatensugo (S. 42)

QUALITÄTS G|U GARANTIE

Liebe Leserin, lieber Leser,

haben wir Ihre Erwartungen erfüllt? Sind Sie mit diesem Buch zufrieden? Haben Sie weitere Fragen zu diesem Thema? Wir freuen uns auf Ihre Rückmeldung, auf Lob, Kritik und Anregungen, damit wir für Sie immer besser werden können.

GRÄFE UND UNZER Verlag
Leserservice
Postfach 86 03 13
81630 München
E-Mail:
leserservice@graefe-und-unzer.de

Telefon: 00800 / 72 37 33 33*
Telefax: 00800 / 50 12 05 44*
Mo–Do: 9.00 – 17.00 Uhr
Fr: 9.00 – 16.00 Uhr
(gebührenfrei in D, A, CH)*

Ihr GRÄFE UND UNZER Verlag
Der erste Ratgeberverlag – seit 1722.

Umwelthinweis:
Dieses Buch ist auf PEFC-zertifiziertem Papier aus nachhaltiger Waldwirtschaft gedruckt.

Backofenhinweis:
Die Backzeiten können je nach Herd variieren. Die Temperaturangaben in unseren Rezepten beziehen sich auf Elektroherde mit Ober- und Unterhitze.

Appetit auf mehr?

ISBN 978-3-8338-3436-3

ISBN 978-3-8338-5327-2

ISBN 978-3-8338-5333-3

Laden im App Store

ISBN 978-3-8338-5890-1

ISBN 978-3-8338-5887-1

Alle hier vorgestellten Bücher sind auch als eBook erhältlich.

Willkommen im Leben.

Mehr von GU auf **www.gu.de** und
facebook.com/gu.verlag

VEGANE MAYONNAISE

Eine frische Mayonnaise ohne Ei, und zwar ruckzuck? Ja, das geht! Und zwar mit einem herkömmlichen Pürierstab. Nicht-Veganer ersetzen den Sojadrink durch Milch.

50 ml Sojadrink | 1 TL Dijonsenf | 1 TL Zitronensaft | 100 ml Sonnenblumenöl | Salz | Pfeffer

So gut wie das Original

Für ca. 150 g | 5 Min. Zubereitung
Pro 15 g ca. 95 kcal, 0 g EW, 10 g F, 0 g KH

1 Den Sojadrink (gekühlt oder zimmerwarm) mit dem Senf, dem Zitronensaft und dem Öl in einen hohen Rührbecher geben, dabei sollte der Rührbecher nur wenig breiter als der Pürierstab sein.

2 Den Pürierstab in den Rührbecher stellen und einschalten. Dann langsam hochziehen und alles ca. 10 Sek. pürieren, bis eine steife Mayonnaise entsteht. Mit Salz und Pfeffer abschmecken.

TIPP

Die vegane Mayonnaise ohne Ei ist viel länger haltbar als eine herkömmliche. Übrige Mayonnaise in ein Schraubglas füllen und die Portionen immer mit einem sauberen Löffel entnehmen. So hält sie im Kühlschrank mindestens 1 Woche. Kräftiger schmeckt sie, wenn Sie einen Teil des Sonnenblumenöls durch ein fruchtiges, kalt gepresstes Olivenöl ersetzen. Wenn Sie die Mayonnaise weniger steif wollen, rühren Sie 2 EL Sojaghurt, Soja- oder Hafercreme oder veganen Drink unter die fertig gemixte Mayonnaise – dann ist sie nicht nur cremiger, sondern auch etwas weniger gehaltvoll.